AF455636

NOTICE

SUR

LE DIAGRAPHE,

PAR M. GAVARD,

CAPITAINE D'ÉTAT-MAJOR, ANCIEN ÉLÈVE DE L'ÉCOLE POLYTECHNIQUE,

Rue Neuve-des-Petits-Champs, n°. 37, près le Palais-Royal.

« Le Comité des arts mécaniques de la Société d'Encouragement regarde cet instrument comme une des plus heureuses inventions qu'on ait faites en ce genre. »

Deuxième Édition.

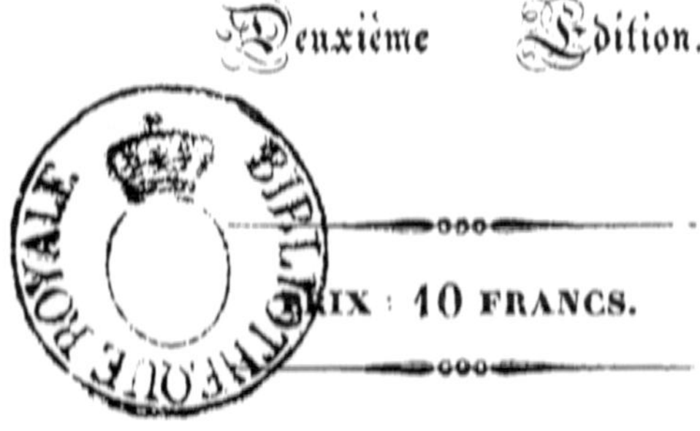

PRIX : 10 FRANCS.

PARIS,

IMPRIMERIE DE Mme. HUZARD (NÉE VALLAT LA CHAPELLE),

Rue de l'Éperon-Saint-André-des-Arts, n°. 7.

1831.

Nota. Tous les instrumens qui ne porteront pas le nom et le poinçon de M. Gavard seront contrefaits et ne sauraient être garantis par l'inventeur.

NOTICE

SUR

LE DIAGRAPHE.

Tous les efforts que l'on a faits jusqu'à ce jour pour procurer aux dessinateurs un moyen de calquer la nature prouvent assez de quelle importance serait un instrument qui atteindrait ce but. Il est inutile de citer ici tous les moyens qu'on a employés pour y parvenir, les plus exacts sont sans contredit ceux qu'ont fournis les machines à mettre en perspective ; mais soit à cause de la difficulté de procurer à ces machines un mouvement doux et aisé, soit à cause de leur trop grand volume et de leur complication, on s'en est peu servi jusqu'à présent, et on ne les a employés que comme moyen d'abréger un travail de perspective dont l'exécution rigoureuse eût été longue et pénible.

Les deux instrumens connus sous les noms de

chambre claire et *chambre obscure* sont les plus en usage; mais malgré le perfectionnement que des opticiens célèbres de notre époque ont pu y apporter, elles n'ont été adoptées que par peu de personnes : elles ont, en effet, des défauts auxquels il sera peut-être impossible de remédier.

La chambre obscure, instrument très peu portatif, n'étend son champ de vision que sous un angle de 30 ou 35 degrés, et l'on ne peut que difficilement y apercevoir les points qui sont dans l'ombre. De plus, tous les objets se déforment d'autant plus qu'ils s'écartent davantage du centre de la vision. Si la chambre claire n'a pas tous ces défauts, elle en a d'autres qui lui sont particuliers : elle fatigue considérablement la vue, et quoi qu'on fasse, il est des parties qu'on n'y peut jamais distinguer. De plus, dans la chambre claire, tous les objets de même grandeur à l'œil, et devant par conséquent être de même grandeur sur le dessin, sont projetés sur le papier par des angles égaux et n'y conservent plus la même grandeur; ils y deviennent d'autant plus grands, qu'ils s'éloignent davantage du pied de la perpendiculaire abaissée de l'œil : on ne peut donc jamais avoir un dessin parfaitement exact.

L'instrument dont il est ici question semble réunir toutes les conditions nécessaires pour atteindre le but vers lequel on s'est continuellement dirigé ; car il est d'une construction simple et d'une exactitude telle, qu'en traçant deux fois de suite le même dessin il n'apparaîtra qu'un seul trait : ce trait se fait par un mouvement mécanique. La personne qui en fait usage ne fixe pas les yeux sur ce qu'elle dessine, elle ne regarde que l'objet qu'elle veut représenter ; elle n'aura même pas besoin de savoir tenir son crayon, et quelque étrangère qu'elle soit à l'art du dessin, non seulement elle calquera très exactement la nature dans ses moindres détails, mais elle pourra, et tout cela mécaniquement, donner de l'effet au paysage qu'elle voudra copier, en augmentant la force du trait à mesure qu'elle copiera les objets les plus rapprochés ; elle pourra, avec la même facilité, copier soit un tableau, une statue, faire un portrait aussi grand et même plus grand que nature, ou, à toute autre échelle, obtenir la projection d'une machine sur toute espèce de plan, en avoir les ombres portées, ou, enfin, tracer un panorama sur un cylindre ou un cône quelconque.

Description de l'instrument.

Une règle en acier A B (*fig.* 1), parfaitement droite et d'une égale épaisseur dans toute sa longueur, est portée par une de ses extrémités B sur une roue R, dont l'axe fait le prolongement de la règle. L'autre extrémité est portée sur un chariot S T, dont les roues S et T sont creusées en gorge de poulie; la forme de cette gorge est en triangle. Ce chariot roule sur une tringle ronde en acier, également très droite, partout d'une égale épaisseur, et assujettie sur une règle avec laquelle elle fait corps. Sous cette règle sont de petites pointes qui entrent dans la table sur laquelle on veut dessiner. La règle A B peut glisser dans une boîte placée sous le chariot, et se fixer au moyen d'une vis placée en C.

Les roues R, S, T sont calculées de manière à rendre la règle A B parfaitement parallèle à la table; quelques instrumens portent au dessus de la roue R une vis pour pouvoir en régler la hauteur à volonté.

On conçoit que la règle, mise alors en mouvement, ne peut jamais marcher que parallèlement à elle-même. Des contre-écrous placés aux extrémités des axes des roues R, S et T règlent leur mouvement, et tout en les conservant libres les empêchent de ballotter.

La boîte placée sous le chariot peut tourner avec la règle autour d'une charnière placée en **E** ; on est donc libre de rendre la règle A B bien perpendiculaire à la tringle F G.

Sur la règle glisse, avec la plus grande liberté et sans jeu, une boîte en cuivre H I, qui l'enveloppe hermétiquement; sur cette boîte se glisse à queue d'aronde une plaque terminée par un tube K L, qui y est soudé verticalement : cette plaque se fixe sur la boîte par une vis de pression M, et peut se glisser d'un côté ou de l'autre de la règle.

Dans ce tube K L, monte et descend un autre tube N O, terminé par une cuvette, et servant de porte-crayon. Le tube K L est fendu dans toute sa longueur, pour laisser passage à une goupille soudée, d'un côté, sur le porte-crayon N O, et, de l'autre, sur un anneau qui sert à faire monter et descendre le crayon quand, dans cette position, on tient l'anneau entre les doigts, ou quand, retournant la plaque, on se sert d'une petite bascule P Q, qui soulève le crayon à volonté.

Dans le premier cas, on peut donner plus ou moins de force au trait ; dans le second, le trait est uniforme et d'autant plus fort, qu'on met un poids plus lourd sur la cuvette. A l'extrémité B de la règle se pose un tube creux en cuivre U V, très droit et portant dans toute sa longueur un petit canal parfaitement droit; le tube peut s'incliner à volonté et se fixer par une vis X, qui ferme la charnière. Une autre vis de pression Y fixe le tube près de la roue R (on peut l'ôter à volonté).

Le long de ce tube glisse facilement et sans jeu une boîte carrée *a b*, garnie intérieurement d'une petite goupille qui, glissant dans le canal, empêche la boîte de tourner. Un oculaire *c d*, à plusieurs trous de rechange, glisse dans cette boîte au moyen d'un assemblage à queue d'aronde. Une vis *e* peut, à volonté, fixer la boîte au tube.

Le tube est surmonté d'une petite poulie et porte, à côté de sa base, une autre petite poulie : toutes les deux sont disposées de manière qu'un fil, qui s'attache à la boîte *a b*, enveloppe la poulie *f*, puis la poulie *g*, et vient s'attacher à un bouton *h*, posé sur la boîte H I, reste parallèle, de *h* en *g*, à la règle d'acier, et de *f* à *z* au tube U V.

Sur le chariot S T s'élève un autre tube *i j*, entièrement semblable au premier, pouvant s'incliner et se fixer par la vis *k*, qui presse la charnière, et pouvant, de plus, pivoter sur le chariot au moyen d'une forte vis placée par dessous. Il est, comme l'autre, terminé par deux poulies *l* et *m*.

Une boîte *n o*, carrée comme la boîte *a b*, et glissant de même, porte un petit châssis *p q*, en travers duquel on pose un cheveu destiné à recevoir un point de couleur (1). Un fil s'attache à la boîte au point *o*, enveloppe la poulie *m*, et tient suspendu un contre-poids, qui glisse dans l'intérieur du tube *i j*. Un second fil s'attache en *p*, enveloppe la poulie *l*, et vient se fixer au deuxième bouton *r*, placé sur la boîte H I; les deux boutons *r* et *h*, tournant à frottement dur, servent à tendre les fils, qui doivent encore, pour cette partie, être parallèles à la règle A B, et au tube *i j* de *l* en *p*.

Le tube U V peut s'enlever pour se poser sur un valet (*fig.* 2), qui se fixe à la table, et devenant oculaire fixe par la vis *c*, donne alors le diagraphe ordinaire, qui se compose du reste de l'instrument et de l'oculaire (*fig.* 3). Le

(1) Ce châssis est quelquefois double, et une vis de rappel peut transporter à volonté le point de mire à droite ou à gauche, pour le faire coïncider avec la pointe du crayon, dans le cas où, en le taillant, il ne tomberait plus sur le même point.

tube *i j* peut également s'enlever, pour rendre le point de mire fixe et ne laisser que l'œil mobile.

Enfin, l'instrument peut se replier sur lui-même, et tenir, par ce moyen, très peu de place.

Description du Diagraphe panoramatrace.

Cet instrument se compose d'abord, comme le précédent, de la règle en acier, du porte-crayon du chariot et du tube conducteur de la cage. La roue unique qui termine la règle est remplacée par une roue A, en gorge de poulie, montée sous l'extrémité d'une longue boîte B C, qui glisse facilement et sans jeu le long de la règle d'acier; à la partie supérieure de la boîte B C est placée une roue à gorge roulant sur une tige en acier E E. Cette tige, ainsi qu'une règle en cuivre G H, sont portées sur deux chariots garnis de roues à gorges, et marchant sur deux tringles parallèles I K, L M. Au milieu de la règle G H est placé l'oculaire.

La roue A roule sur une bande d'acier à ressorts, à laquelle on fait prendre toutes les sinuosités de la courbe-base du cylindre sur lequel on veut faire le panorama. Cette courbe est fixée sur la planchette par de petites pointes. A chaque mouvement du Diagraphe, la roue A, forcée de rouler sur une courbe qui s'approche ou s'éloigne de la tringle principale conductrice du Diagraphe, forcera la boite B C à glisser sur la règle d'acier, et forcera l'oculaire à se rapprocher du point de mire, suivant les ordonnées de la courbe conductrice de la roue A. Dans le cas où cette courbe serait une ligne droite parallèle à la tringle, on rentrerait dans le cas du Diagraphe ordinaire.

Description du Diagraphe géométral.

Sur un pied A B (*fig.* 4), qui peut s'élever ou s'abaisser à volonté, est posé un châssis à vitres D E F G, qui s'incline à volonté et se fixe par des écrous H et I. Aux deux coins E et F, sont deux paires de roues à gorges, entre lesquelles glisse une tringle en acier poli. Au milieu de cette tringle est fixée, à angle droit, une règle en acier terminée par une roue K; cette règle doit, par ce moyen, se mouvoir parallèlement à elle-même. Le long de la régle coule, comme dans le Diagraphe ordinaire, une plaque portant un porte-crayon incliné; sur cette plaque s'élève un tube qui porte l'oculaire : cet oculaire peut prendre toutes les positions et s'enlever pour s'attacher à la vitre. On pourrait, à côté du châssis à vitres, placer une petite planchette, qui recevrait le dessin sur une feuille de papier.

On peut, si on le désire, rendre cet instrument propre à donner en même temps le dessin géométral réduit à la grandeur dont on a besoin.

Description du Diagraphe réflecteur.

Deux montans à coulisse AB et CD, joints ensemble par une traverse AB, se lient par des charnières à deux autres montans, également à coulisse, AE, DE. Ils peuvent ensemble former un angle quelconque et rester ouverts au moyen de deux écrous G et H, coulant dans deux supports fendus dans toute leur longueur. (Pour dessiner exactement, l'angle doit être de 45 degrés.)

Entre les deux premiers montans AB, CD, glisse un châssis IJKL renfermant une glace percée en son milieu M. Cette glace, tournée vers l'extérieur de l'angle, porte dessus son parquet et vis à vis le trou M une petite rondelle en cuivre, percée de trous de différentes grandeurs, pour la commodité du dessinateur. Entre les deux autres montans AE, DE, glisse un second châssis à planchette destiné à recevoir le papier. Une vis de pression N fixe le châssis à glace à la hauteur qu'on désire, le châssis à planchette étant toujours horizontalement ou à peu près reste de lui-même où on le place.

Un porte-crayon en forme de lunette de spec-

1

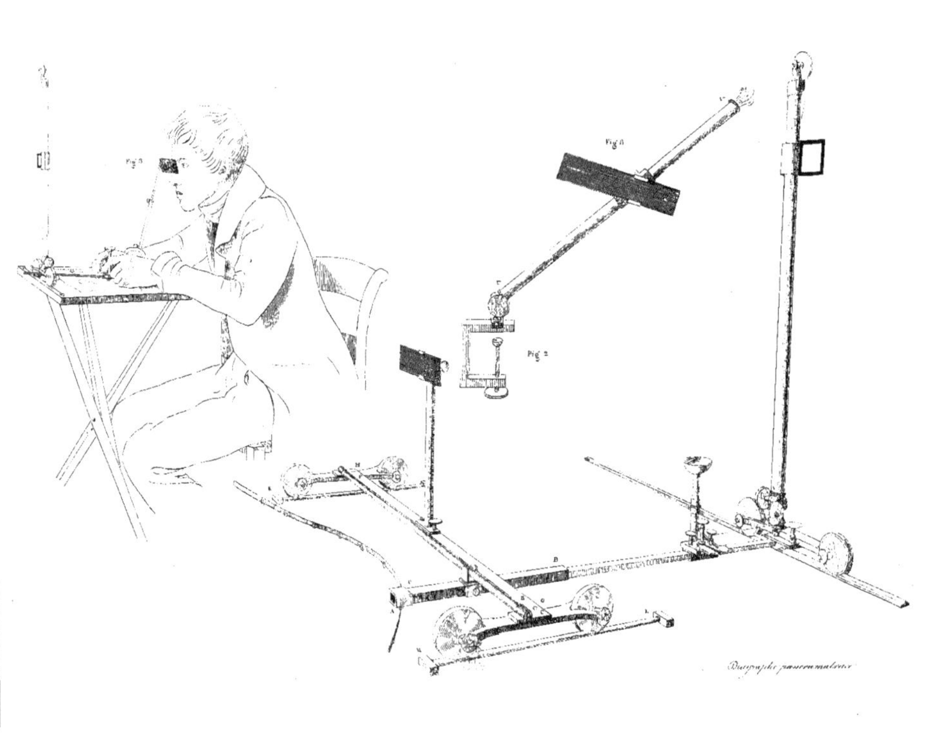
Fig. 3
Fig. 2

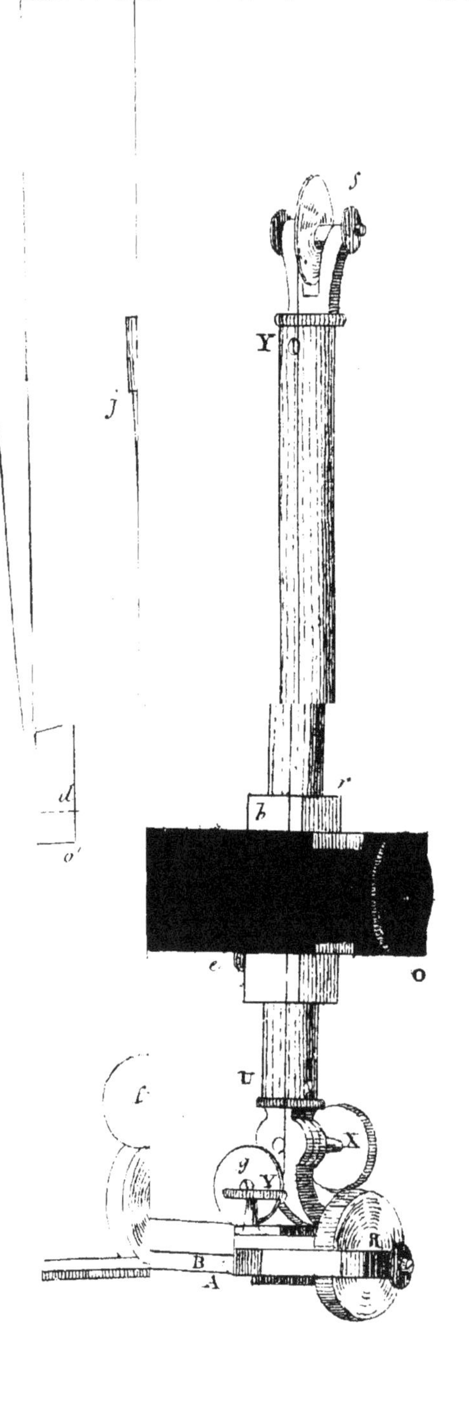

s
Y
j
r
d
b
o'
e
O
u
f
X
g
Y
R
B
A

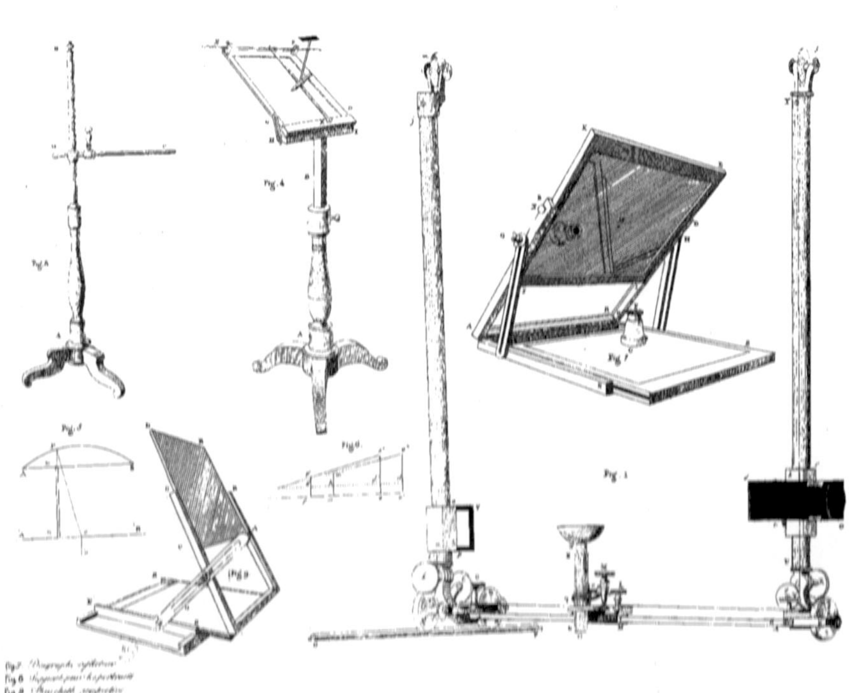

tacle OP renferme dans son intérieur un petit tube contenant un crayon et pouvant, comme dans les autres instrumens, monter et descendre à volonté, selon qu'on appuie plus ou moins sur le bouton *o*.

Sur la partie supérieure P est une petite glace parfaitement parallèle à la base de la lunette et marquée à son centre d'un petit point noir très brillant. La pointe du crayon doit correspondre parfaitement avec ce point, si l'instrument est bien construit. On pourrait, au besoin, le faire avec des vis de vérification.

Maintenant si on pose une feuille de papier sur la planchette, puis si, l'œil étant placé derrière la glace, on observe les images qui viennent se peindre dans la petite glace P après avoir été réfléchies par la grande, on fait suivre au point marqué sur la glace tous les contours des objets qu'on aperçoit, on les obtiendra tracés sur le papier. Sur le tube du crayon se trouve, dans l'intérieur de la lunette, une petite cuvette pour recevoir, au besoin, un poids et faire marquer le crayon. On peut aussi le faire appuyer sur le papier par un ressort à boudin, ce qui permet alors de dessiner sur un plan vertical. Si, se servant de l'oculaire ordinaire, on dessinait sur une table les images qu'on placerait au dessus du petit miroir, on les réduirait à l'envers, et cet instrument deviendrait, dans ce cas, utile aux graveurs et aux lithographes.

Description de la planchette perspective.

ABCD est une petite planchette qui peut monter et descendre entre deux montans AB et CD gradués, lesquels s'inclinent à volonté et pivotent sur un centre O.

Les deux montans sont placés sur une autre planchette qui peut se mouvoir entre deux coulisses EFGH graduées. Ces deux coulisses sont jointes ensemble par une planchette qui se meut elle-même entre deux coulisses également graduées d'une autre planchette. Au moyen de tous ces mouvemens, on pourra mettre la planchette ABCD dans telle position qu'on désirera, et cela suivant des mesures données.

Support pour les portraits.

Un montant de bois arrondi AB est supporté par trois pieds. Une traverse CD peut monter et descendre le long de la tige et le fixer au moyen d'une vis D; c'est cette traverse qui sert à soutenir le menton.

Moyen de vérifier le Diagraphe pour avoir l'exactitude dite MATHÉMATIQUE.

1°. La règle conductrice du crayon doit être parfaitement parallèle à la table qui porte le papier, le meilleur moyen pour faire cette vérification serait d'avoir une planchette à niveau, qu'au moyen de vis on rendrait horizontale. Puis on rendrait la règle du Diagraphe également bien horizontale à l'aide d'un niveau à bulle d'air et de la vis qui fait monter et descendre la roue placée à son extrémité. (Les instrumens étant réglés d'avance, cette vis de rappel ne se trouve pas à tous.)

2°. Le tube de la cage doit être bien perpendiculaire, en tournant sur sa charnière, à la tringle conductrice du chariot. Si donc on rend cette tringle bien horizontale, un fil à plomb suffira pour vérifier la position du tube. (J'ai fait construire de ces instrumens portant avec eux tous les moyens de remédier à des imperfections que l'œil seul d'un observateur habile peut apercevoir.)

3°. Deux lignes tracées, l'une sans toucher au Diagraphe en ne faisant agir que le crayon, l'autre en ne faisant agir que le Diagraphe sans toucher au crayon, doivent être parfaitement perpendiculaires entre elles. La règle du Diagraphe, pouvant plus ou moins s'incliner sur la tringle, donnerait le moyen de corriger cette imperfection si elle existait ; on pourrait également la corriger en déplaçant un peu les roues du chariot.

Moyen de conserver la tringle parallèle à elle-même dans ses différens déplacemens.

Quand cette tringle est posée, on choisit une ligne verticale placée dans le même plan, ce qu'on peut trouver en regardant dans la direction de la tringle et en la déplaçant même au besoin si ce déplacement ne nuit pas au dessinateur. Si cette ligne ne se trouvait pas, un fil à plomb tendu dans cette direction servirait de guide.

Cette ligne trouvée, un point quelconque dans la direction de la tringle et du fil, ou seulement le pied de la verticale abaissée d'une des extrémités de la tringle ou de son prolongement et indiquée sur le plancher suffira pour conserver toujours l'instrument dans la même position.

Il faut donc :

1°. Établir un fil verticalement dans la direction de la tringle ;

2°. Faire tomber de l'extrémité de la tringle ou de son prolongement un petit plomb, qui indiquera sur le plancher le pied de la verticale ;

3°. Tracer par ce pied une portion de ligne dans la direction du fil.

Quand alors on voudra déplacer l'instrument, on posera la tringle de telle sorte qu'en laissant tomber un fil à plomb de son extrémité ou de son prolongement, il tombe sur la ligne tracée sur le plancher.

On dirigera ensuite cette tringle dans la direction du fil. Le montant de la cage se règle toujours avec un fil à plomb.

Moyen de conserver le parallélisme de l'instrument en le rapprochant ou en l'éloignant de l'objet.

Il suffit, pour cela, de déplacer le fil et la ligne tracée sur le plancher d'une quantité égale à celle dont on veut déplacer l'instrument.

Quand le montant de la cage ne doit pas être vertical, la distance entre l'extrémité du Diagraphe et l'extrémité de ce montant pour l'inclinaison choisie suffira pour rétablir cette inclinaison à chaque déplacement. Ceci suppose la règle du Diagraphe bien horizontale.

Moyen de rendre la ligne qui joint l'oculaire au point de mire, dans le Diagraphe à deux montans, bien parallèle à la règle d'acier du porte-crayon.

On choisit, pour cela, un point quelconque sur la plaque du porte-crayon (le crayon, par exemple), et on dirige le Diagraphe de manière à faire toujours correspondre ce point avec une ligne verticale, quel que soit le mouvement du crayon (le Diagraphe ne bougeant pas). Il faut alors faire passer par cette même ligne le rayon qui joint l'oculaire au point de mire, en portant l'oculaire à droite ou à gauche. Pour rendre ce rayon parfaitement perpendiculaire aux montans placés d'abord verticalement au moyen d'un fil à plomb, on fera mouvoir la cage ou l'oculaire séparément, jusqu'à ce que le rayon se confonde avec une ligne horizontale placée non parallèlement à la tringle du Diagraphe. Si ce rayon est bien horizontal et par conséquent bien placé sur un plan perpendiculaire aux montans, une fois le rayon sur la ligne horizontale, il passera toujours par cette ligne, quel que soit le mouvement du Diagraphe, le crayon ne bougeant pas.

Moyen de rendre les montans parallèles au plan du tableau qu'on veut calquer.

Cette opération se fait d'abord comme il est indiqué (page 23), en se servant de l'oculaire fixe, après quoi on rend le montant de l'oculaire parallèle à l'autre au moyen d'une mesure qu'on place entre les extrémités inférieures et supérieures des montans.

Réduction de dessins, tableaux, gravures, etc.

Pour réduire un dessin bien exactement, il faut le placer verticalement sur une table ou contre un mur, et l'éclairer autant que possible; si on ne pouvait pas déplacer le dessin placé dans l'ombre, on choisirait alors un point blanc. Du reste, en plaçant plusieurs points sur le cheveu, il est toujours facile de choisir celui qui convient le mieux : on place ensuite l'oculaire vis à vis le dessin, de manière qu'en regardant par le trou on le distingue parfaitement ; on le place donc près, s'il y a beaucoup de détails, et un peu plus loin, si les détails ne sont pas nombreux.

Si le dessin à réduire était beaucoup plus grand que le Diagraphe, il faudrait, même dans le cas où la réduction devrait être plus petite que l'instrument, diviser le dessin en plusieurs parties pour les réduire ensuite une à une.

Cas où la réduction peut être faite en une seule fois.

Prenons donc le cas d'un petit dessin [comparativement à l'instrument] (1); le dessin placé aussi verticalement que possible, vous posez la tringle parallèlement au dessin, à une distance telle que le rapport entre la distance de l'oculaire à l'objet à réduire et la distance de la tringle à cet objet soit le même que le rapport des deux réductions. Si donc on veut réduire à moitié, on placera la tringle au milieu de la distance de l'oculaire au dessin; si on veut réduire au tiers, on divisera cette distance en quatre, et la tringle occupera la première division à partir de l'oculaire. Au quart on divisera en cinq, et on placera la tringle à la première division, et ainsi de suite. Comme les divisions ne se feront en général qu'à peu près, une fois la machine posée, on observera si, en portant le point de mire aux deux côtés du

(1) En général, le dessin pourra être regardé comme petit quand, après avoir placé l'oculaire à la distance convenable pour en distinguer les détails, on pourra placer l'instrument de manière à pouvoir le réduire en une seule fois.

dessin, on trouve une réduction égale à celle désirée; si on la trouvait trop grande, on éloignerait un peu l'oculaire jusqu'à ce qu'on trouvât la réduction telle qu'on veut l'avoir.

On rapprocherait peu à peu l'oculaire, si cette réduction était trop petite; l'oculaire peut être placé à droite et à gauche du tableau, en haut ou en bas : il vaut cependant mieux le placer au centre, puisque de ce point on distingue mieux tout l'ensemble.

Si la réduction doit être extrêmement petite, on éloignera le dessin autant que possible, puis choisissant un point très fin et le plus petit trou de l'oculaire, on disposera le Diagraphe d'aprés la régle générale donnée ci-dessus. Si la réduction doit peu différer du modèle, on placera l'oculaire le plus loin possible, puis on disposera encore l'instrument d'après les mêmes règles : seulement alors, on pourra prendre un plus gros point et un plus gros trou. Le trou de l'oculaire qui conviendra le mieux sera celui qui fera voir le dessin plus distinctement, et qui ne fera correspondre le point de mire qu'en un même point du tableau, quel que soit le déplacement de la tête du dessinateur.

Cette observation est générale pour tous les cas.

Cas où le dessin est trop grand pour être réduit en une fois.

Si le dessin ou le tableau était trop grand pour être bien aperçu d'un seul point, on le diviserait par carreaux, et on réduirait alors les carreaux les uns après les autres. Il pourrait cependant n'être pas permis de tracer des carreaux sur le dessin, il faudrait alors employer un autre moyen, et pour mieux nous faire comprendre nous nous servirons d'un exemple, et nous supposerons le cas où il s'agirait de réduire le grand tableau des *Noces de Cana*. Si cette réduction doit être très petite, on pourrait, en se plaçant vis à vis et le plus loin possible, obtenir d'une seule fois cette réduction; mais si on désirait avoir cette réduction beaucoup plus grande, on devrait nécessairement se rapprocher (nous verrons plus loin comment on peut obtenir de très grands dessins, quoique placé très loin): alors on ne distinguerait plus très bien le tableau, puisqu'il y aurait des parties qu'on verrait trop obliquement.

Pour ce cas, on commencerait par faire une petite réduction provisoire, sur laquelle on indiquerait bien exactement plusieurs points remarquables dans le tableau : on reporterait alors ces points dans le cadre de la réduction, en les plaçant bien exactement selon leur position respective; puis, s'en servant comme points de départ, on réduirait alors le tableau par portions.

Cas où il est impossible de placer verticalement le tableau à réduire.

Si le tableau à réduire devait rester incliné, on placerait d'abord la tringle parallèlement aux bords inférieur et supérieur du tableau; et on est certain de cette position quand, sans toucher au crayon, ayant amené le point de mire sur le bord du cadre et regardant par l'oculaire, on peut, en faisant mouvoir le Diagraphe, voir toujours le point de mire sur cette même ligne du cadre. La tringle ainsi placée, on incline le tube de la cage pour la rendre parallèle au plan du tableau, et on est assuré du parallélisme quand, traçant les deux lignes supérieure et inférieure du cadre, on obtient une même grandeur pour les deux, ou mieux, quand après avoir porté le point de mire sur un des angles supérieurs, et descendant le crayon sans remuer le Diagraphe, on voit le point suivre exactement le bord vertical du cadre.

Observations.

Quand le tableau à réduire est très compliqué, il convient de placer plusieurs points de repère pour se vérifier de temps en temps et voir si on ne s'est pas dérangé. Si le tableau est très obscur, il faut s'en placer le plus près possible, et se servir du grand trou de l'oculaire.

Calque de gravures et de tableaux.

Pour prendre le calque d'un tableau ou d'un dessin, il faut se servir du Diagraphe à deux montans, qu'on dispose parallèlement au tableau qu'on veut calquer, et si le dessin est plus grand que le Diagraphe, on le fait en plusieurs fois, comme nous l'expliquerons plus haut en parlant des projections.

On peut encore calquer un tableau en se servant de l'oculaire mobile et supprimant le tube de la cage pour rendre fixe le point, qu'on place alors au milieu de la distance qui sépare l'oculaire du tableau. Ce moyen est moins bon que le précédent, car il ne permet pas de se placer aussi près et de voir par conséquent aussi bien les détails.

Cas où on désire augmenter le dessin du tableau.

Si on pose le point fixe plus près du tableau que de l'oculaire, on fera nécessairement le dessin plus grand que le tableau.

Paysages d'après nature.

Il ne suffit pas pour faire un joli paysage de copier ce que l'on voit, il faut d'abord bien choisir son point de vue et sa ligne d'aspect ; car où souvent un simple amateur ne pourrait trouver que des vues insignifiantes, un peintre habile en retirerait des dessins qui auraient un charme que la nature même ne présente souvent pas à celui qui ne sait pas la regarder de son beau côté. Comme il n'existera jamais de machine capable de suppléer au génie, nous ne nous occuperons que des moyens de calquer matériellement ce qu'on a devant les yeux, et comme avec le Diagraphe on peut faire des vues sous un angle quelconque, nous dirons simplement que, si on se met trop près des objets qu'on veut copier, on aura un angle trop ouvert et par contre des dessins dont les lignes n'auront pas un aspect agréable, malgré leur très grande exactitude, ce qui m'est arrivé dans la vue de Saint-Sulpice duquel je n'avais pu me reculer assez.

Cas où le dessin est plus petit ou tout au plus égal au Diagraphe.

La méthode la plus simple pour celui qui n'a pas l'usage du Diagraphe est d'avoir un petit châssis fait en bois ou en papier de la grandeur du dessin qu'il veut avoir, puis regardant dans ce châssis avec un seul œil et le disposant de manière à apercevoir tout ce qu'il veut dessiner, la distance de son œil au châssis et sa hauteur au dessus du bord inférieur lui indiqueront la distance de l'oculaire à la tringle et sa hauteur au dessus de la planchette.

Si on veut éviter le châssis, on posera le Diagraphe sur la planchette, et après avoir posé l'oculaire au milieu, on le rapprochera ou on l'éloignera de la tringle jusqu'à ce que, regardant par son ouverture et portant le crayon à droite ou à gauche du cadre qu'on veut donner à son dessin, on aperçoive le point de mire dans la direction des deux extrémités du paysage qu'on veut représenter; après quoi, on élevera ou baissera l'oculaire jusqu'à ce qu'on puisse apercevoir le haut et le bas du paysage si le dessin doit avoir la hauteur du Diagraphe, l'oculaire sera élevé au dessus de la planchette d'une quantité égale à la hauteur de l'horizon.

Cas où le dessin, n'étant pas plus haut que le Diagraphe, est beaucoup plus large.

Dans ce cas, on trace une ligne droite sur le papier, puis indiquant sur cette ligne la longueur du dessin, on place l'oculaire de manière à voir les deux extrémités de cette ligne dans la direction des deux extrémités du paysage qu'on veut copier (un crayon ou une règle placée verticalement aux extrémités de la ligne servira de guide).

L'oculaire placé, on pose la tringle sur une partie de la ligne; cette partie terminée, on la transporte sur la suivante, et allant ainsi de proche en proche on termine le dessin.

Quand, dans la campagne, on se sert d'une canne à table, on peut faire le dessin deux fois plus large que la planchette : pour cela on fait la partie gauche en plaçant l'oculaire à droite de la planchette, puis posant la canne de manière à faire considérer le côté gauche de la planchette avec la place qu'avait occupée le côté droit, ce qu'il est facile de vérifier avec un fil à plomb qui d'abord avait marqué sur le terrain les deux extrémités de la planchette; on attache l'oculaire à la gauche et on continue le dessin en se raccordant comme on le fait quand on veut continuer un dessin qu'on a quitté.

Moyen de reprendre un dessin commencé.

La première chose à faire quand on commence un dessin, surtout si ce dessin doit être long, c'est d'indiquer de suite deux ou plusieurs points remarquables, et de tracer sur le papier la place de la tringle.

Si donc, ces points marqués, on veut reprendre un travail commencé, on replace la tringle sur la trace indiquée sur le papier, puis on tourne la table qui supporte le papier et le Diagraphe, jusqu'à ce qu'une ligne joignant deux points l'un au dessus l'autre au dessous de l'horizon (1) devienne parallèle à la même ligne tracée d'abord sur le papier. Si la distance nouvelle entre les deux points est plus grande que l'ancienne, on rapproche l'oculaire de la cage jusqu'à ce qu'on obtienne la même grandeur, on l'éloignerait si cette distance était trop petite; enfin, au moyen de la vis posée sur la plaque du crayon, et posant le crayon sur un des points, on ramène le point de mire sur le point correspondant dans la nature.

Moyen de faire un très grand dessin avec une très petite machine.

Un Diagraphe qui n'aurait que 10 pouces ne pourrait donner qu'un dessin dont la hauteur serait 10 pouces et dont la longueur serait beaucoup

---

(1) Ou deux points dont les hauteurs au dessus ou au dessous de l'horizon ne sont pas les mêmes.

plus étendue ; mais si avec ce même Diagraphe on voulait faire, par exemple, une vue qui aurait 10 pieds de long sur 6 de hauteur, il faudrait s'en servir de la manière suivante : on placerait sur un fil tendu, soit à l'extrémité d'une perche, soit entre deux branches d'arbres, un point de couleur d'autant plus gros que le dessin devra être plus grand (ce point, étant le point de vue, doit se placer à la place même d'où on veut prendre le dessin) ; puis, s'éloignant de ce point jusqu'à ce qu'en se plaçant 5 pieds à droite ou à gauche de la ligne imaginaire dite d'*aspect* (celle qui divisera le paysage en deux parties) on aperçoive le point de mire dans la direction de l'extrémité opposée du tableau, on établira la planchette dans cet endroit, et ce point sera l'extrémité de la tringle conductrice dont la direction sera vers le point placé symétriquement de l'autre côté de la ligne d'aspect. Comme dans ce cas le dessin sera renversé, on placera la tringle assez bas pour apercevoir par l'oculaire mobile (ici on ne se sert que de cet oculaire après avoir supprimé le conducteur de la cage) le point fixe un peu au dessus des parties les plus élevées.

Une ligne de 10 pieds, tracée d'avance sur la toile ou le papier, sera la ligne sur laquelle on transportera la tringle à chaque fois qu'on aura dessiné tout ce qu'elle aura permis d'atteindre. Cette bande inférieure une fois faite, on relève la planchette de 9 pouces pour faire la bande supérieure, et en se servant de la petite bande d'un pouce, qui alors se trouvera commune et à la partie faite et à la partie à faire, on choisira sur cette petite bande deux ou plusieurs points pour continuer le travail. Nous avons vu plus haut comment on pouvait replacer la tringle dans une position parallèle, et comment on pouvait continuer un dessin commencé.

Montant ensuite de proche en proche, on arrivera à la partie la plus basse du paysage; pour plus d'exactitude, il conviendra de commencer par la bande qui devra faire le milieu du dessin.

PORTRAITS.

Portraits, Miniature.

La première condition à remplir pour bien faire un portrait, c'est de bien poser son modèle et de le présenter sous le jour le plus avantageux. Comme cette condition ne peut être remplie que par le talent et le goût du dessinateur, nous nous contenterons d'indiquer ici le moyen de calquer les traits de la personne qu'on voudra peindre. 1°. Fixez d'abord l'oculaire à la table sur laquelle vous voulez dessiner; peu importe que cette table soit placée horizontalement, il suffira seulement qu'elle soit droite et fixe. 2°. Placez la personne dont vous voulez faire le portrait sous l'aspect le plus favorable : ceci dépend entièrement du goût de l'artiste, qui doit en général placer l'oculaire à la hauteur des yeux.

Il faut recommander la plus grande immobilité; le mouvement de la tête à droite ou à gauche est peu à craindre; il suffit donc de l'empêcher de baisser, et on se sert, pour cela, de l'appareil décrit ci-dessus.

3°. Le modèle placé à la distance convenable, (en général trois fois la grandeur du buste, quand on ne veut faire que le buste), on fixe sous le menton la pièce horizontale de la machine à tenir la tête. Si on voulait dessiner la personne en pied, il faudrait s'en éloigner davantage; car trois fois la distance donne encore une trop forte déformation, et si quelques peintres, dans ce cas, ne posent pas leurs modèles à une distance plus considérable, c'est que, pour ainsi dire sans le vouloir, ils dessinent, non pas réellement ce qu'ils voient d'un point de vue unique, mais ce qu'ils verraient s'ils étaient plus éloignés; ils promènent alors l'œil dans la base d'une espèce de cône dont le sommet est au point de vue réel.

4°. Placez le Diagraphe de manière qu'en regardant par l'oculaire, et faisant correspondre le point de mire (qui doit alors presque toujours être blanc) vis à vis le centre de la figure du modèle, la règle ou son prolongement vienne passer sous le trou de l'oculaire. Le montant de la cage doit être toujours vertical; cependant, si on désirait *flatter* la personne que l'on veut peindre, et si cette personne avait la figure trop large pour sa longueur, on pourrait, sans altérer la ressemblance, rendre cette disproportion moins sensible. Pour cela, on inclinerait du côté de l'oculaire le montant de la cage, si la personne avait la tête trop large du haut, on l'inclinerait dans l'autre sens si la tête était trop large vers le bas.

Dans le cas où la figure pécherait par excès dans la longueur, ce serait alors la tringle conductrice du chariot qu'il faudrait incliner, et alors le prolongement du Diagraphe ne passerait plus sous l'oculaire; l'artiste qui aura souvent fait usage de l'instrument saura lui donner le degré d'inclinaison convenable.

5°. Vous réglerez la grandeur du portrait que vous voulez avoir, en éloignant ou approchant le Diagraphe de l'oculaire; dans ce cas, vous pourrez faire le portrait aussi petit que vous voudrez, et vous atteindrez la limite de la grandeur quand le bras étendu de toute sa longueur placera le point de mire au sommet de la tête du modèle.

Toutes ces dispositions prises, vous recommandez à la personne de ne pas parler et de ne faire aucun mouvement. Le regard devant être fixe vers un point, vous commencez par les yeux : cette partie faite, vous en avertissez la personne, qui peut alors les fermer pour éviter la fatigue, puis vous achevez le portrait. Avec un peu d'habitude quatre minutes doivent suffire pour la figure, et dix minutes pour la figure et les mains. Tous les traits parcourus, vous reportez le crayon au point de départ, le coin de l'œil par exemple; si le point de mire vient encore correspondre au même point, vous pouvez être certain du résultat, et si votre œil trouvait quelque différence entre la personne et le dessin, cela tiendrait au modelé.

Un trait parfaitement juste doit toujours paraître trop large, aussi les meilleurs peintres en ce genre ne font-ils qu'un trait provisoire, et ce trait ne se fait définitivement qu'en modelant et par conséquent en achevant le portrait; malgré cette précaution, il n'arrive que trop souvent de manquer le trait, ce qui n'arrivera jamais si on a soin de l'établir avec le Diagraphe.

Portraits grands comme nature, sans perspective.

Ces portraits doivent se faire avec le Diagraphe à deux montans; ils seront identiquement de même grandeur dans toutes les parties que la nature même, sauf les raccourcis. Ces sortes de portraits, qui présenteront toujours à l'œil du spectateur une apparence plus grande que nature, pourraient être très utiles aux sculpteurs et aux peintres d'histoire qui auront l'habitude de comparer les dessins géométraux avec les dessins perspectifs : car pouvant, pour cette opération, se placer aussi près de la personne qu'on peut le désirer, aucun détail ne saurait échapper, et ces dessins, réduits par le Diagraphe lui-même, pourront également devenir très utiles aux peintres de miniature.

Pour faire un semblable portrait il faut :

1°. Placer le modèle de la manière indiquée plus haut, seulement au lieu de s'éloigner il faudra s'en approcher le plus possible. Comme, en général, le Diagraphe aura des dimensions plus petites que la personne qu'on voudra dessiner, il est bon de se munir d'une planchette placée sur un montant, pouvant s'élever et descendre à volonté.

2°. Mettre les deux montans bien parallèles et verticaux, l'oculaire et le point à la même hauteur et disposés de manière à rendre la ligne qui les joindra parallèle au conducteur du crayon.

3°. Commencer par la partie supérieure, et dessiner tout ce que l'œil peut parcourir sans que la tête soit obligée de trop se déplacer, puis de proche en proche dessiner, en descendant, tout ce que le Diagraphe peut permettre de faire en une fois, après quoi descendre la planchette d'une quantité un peu moindre que la longueur de l'instrument, en ayant soin de la faire marcher parallèlement à elle-même, retirer le papier jusqu'à ce que la partie inférieure du dessin vienne correspondre avec la nature que ce dessin représente, et qui alors occupe la partie supérieure du Diagraphe, puis continuer jusqu'à ce qu'on ait parcouru tous les contours qu'on désire reproduire (1).

Moyen de faire des portraits très grands, même plus grands que nature.

1°. Posez le modèle comme nous l'avons indiqué plus haut, mais au lieu de le poser en

---

(1) On peut, si on le désire, avoir des instrumens qui donnent et réduisent le géométral en même temps.

vous servant de l'oculaire fixé à une table, posez-le comme si vous vouliez le dessiner à l'œil nu, puis placez un point de couleur d'une manière fixe à la place même de votre œil. Pour poser ce point il suffit de tendre un peu de fil métallique, qui sert au Diagraphe à la place où vous vous trouviez, et de faire sur ce fil un point blanc. Les supports du fil doivent être placés près l'un de l'autre, pour que le point soit moins sujet à trembler.

2°. Prenez le Diagraphe, auquel vous n'aurez laissé que le montant qui porte l'œil mobile.

3°. Disposez la tringle conductrice du chariot de telle sorte que, regardant par l'oculaire et apercevant le point fixe dans le milieu de la figure du modèle, la règle du Diagraphe soit parallèle à cette direction.

4°. Élevez la planchette qui supporte la machine de manière à faire correspondre le sommet de la tête avec l'oculaire mobile placé à la partie inférieure, puis dessinez. Si le dessin doit être plus grand que le Diagraphe, servez-vous de la planchette, qui monte et descend à volonté, et faites alors le portrait par parties successives.

On a vu plus haut comment se font ces sortes de dessins.

Copie des poses d'après nature.

Une des applications la plus utile au peintre est de pouvoir, en très peu de temps, saisir exactement les différentes attitudes qu'il peut faire prendre à ses modèles; car alors il peut, dans ces différentes poses dessinées promptement et avec exactitude, choisir celles qui lui conviennent le mieux, et les étudier ensuite tout à son aise : il est donc bon d'indiquer en peu de mots comment, pour ce cas, on peut se servir de l'instrument.

Premièrement, on doit poser le modèle à une assez grande distance et au moins à quatre fois sa grandeur pour la raison indiquée ci-dessus.

Quand vous aurez donné au modèle la position que vous jugerez la plus convenable, et que vous lui aurez procuré autant de soutiens que cela vous aura été possible, vous commencerez par les parties qui sont les plus sujettes à se fatiguer, puis vous arriverez à celles qui sont les plus stables. Pour avoir un dessin bien détaillé et qui demanderait une immobilité bien soutenue, vous vous contentez d'indiquer les principales masses bien exactement; puis laissant reposer le modèle, vous le dessinez ensuite par détails, que vous remettez ensuite en les plaçant dans les masses que vous aurez indiquées. Vous pouvez même faire ces détails plus en grand, puis les réduire ensuite avec la machine. Prenez toujours la précaution de bien mettre le Diagraphe dans la direction de l'oculaire et du centre de la figure du modèle.

Cas où on ne pourrait pas s'éloigner assez.

Dans ce cas, vous vous servirez d'une glace pour dessiner le modèle, comme vous le feriez sans son secours. Il suffit de faire observer qu'on se place alors comme si on était derrière la glace à une distance égale à celle qui vous en éloigne.

Des études des mains, pieds, ou d'une partie quelconque du corps.

Il serait souvent très précieux pour un peintre d'avoir très exactement un dessin, soit d'un pied, soit d'une main, soit d'un raccourci quelconque, et ce dessin consulté pourrait lui rendre de très grands services; mais, comme pour faire une étude séparée, il ne voudrait souvent pas se donner la peine de monter le Diagraphe et de l'établir devant la partie qu'il voudrait dessiner, j'ai fait construire, d'après la demande de M. de Montabert, le *Diagraphe géométral* dont j'ai donné la description au commencement de cet Ouvrage. Comme on peut avec la plus grande facilité transporter cet instrument où l'on veut que cet instrument reste toujours monté dans l'atelier, et qu'on voit en même temps et le trait et l'objet qu'il représente, on peut très facilement faire vite et bien toutes les études partielles qu'on peut désirer. On pourrait même, au moyen d'un crayon qui communiquerait avec le premier, tracer au fur et à mesure sur un papier des études, qui alors pourraient de suite être ombrées d'après nature et conservées dans des cartons. On peut également faire observer ici que cet instrument sera d'un très grand secours pour obtenir des projections sur des plans horizontaux ou peu inclinés à l'horizon, projections qu'on obtiendrait moins facilement avec le Diagraphe à deux montans. Muni de ces différens instrumens, l'écolier qui aura une ferme volonté de s'instruire pourra le faire sans secours étranger; car dessinant à l'œil nu tout ce qu'il aperçoit et corrigeant avec le Diagraphe les dessins au fur et à mesure qu'il les fait sans son aide, il aura toujours avec lui un maître infatigable qui lui fera voir à tous les momens les fautes qu'il pourrait commettre.

Je ne parle ici que de la science du dessin, science mathématique; quant à l'art, il ne s'enseigne pas, il s'inspire.

Des ombres portées.

Les ombres peuvent être portées par une lumière ou par le soleil : dans le premier cas, tous les rayons de lumière partent d'un seul point ; dans le second, ils sont tous parallèles.

Cas où les ombres sont portées par une lumière.

Si d'un point fixe on regarde tous les contours d'un objet et si tous les rayons partant de l'œil sont coupés par un plan, la silhouette que formeront toutes les intersections sera l'ombre portée sur le plan : si donc je veux avoir le tracé de l'ombre d'un corps sur un plan quelconque, je placerai l'oculaire à la place même que doit occuper la lumière, et je disposerai le Diagraphe de manière à rendre la tringle et le montant de la cage parallèles au plan qui doit recevoir l'ombre ; puis, dessinant les contours extérieurs du corps, j'en aurai les ombres portées. Dans le cas où cette ombre devrait être très grande, on poserait le point fixe à la place de la lumière, puis on dessinerait avec l'œil mobile du Diagraphe projetant qu'on aurait également rendu parallèle au plan.

Cas où les ombres doivent être portées par le soleil.

Les rayons devant alors être parallèles, on dessinera en se servant du Diagraphe à deux montans, seulement au moyen du bouton placé sur la plaque du crayon et du mouvement de droite et de gauche de l'oculaire on rendra la ligne qui joint l'oculaire au point de mire parallèle au rayon lumineux (les deux montans et la tringle ont d'abord été placés parallèlement au plan qui doit recevoir l'ombre).

On peut aussi se servir, pour cette opération, du Diagraphe géométral, surtout pour le cas où l'ombre doit être portée sur un plan horizontal ou à peu près.

Pour cela, on inclinera la vitre parallèlement au plan, et on rendra le rayon visuel parallèle au rayon lumineux. Comme dans le Diagraphe géométral, l'oculaire peut se fixer à volonté sur les bords d'un châssis; on peut également, avec cet instrument, avoir les ombres portées par une lumière.

Moyen de mettre en perspective un édifice dont on a la coupe et l'élévation.

Il n'est point question ici de donner à celui qui n'a aucune notion de perspective le moyen de faire celle d'un édifice dont on n'a que la coupe et l'élévation. L'instrument ne doit être considéré ici que comme moyen abréviateur.

Pour pouvoir mieux faire comprendre cette méthode, nous agirons sur des exemples.

Soit d'abord le dessin d'un parquet ou d'un tapis à mettre en perspective, on en placera le dessin sur la planchette perspective, et on le posera, par rapport à l'oculaire, dans la position où il serait vu si le spectateur occupait la place de cet oculaire. Si donc le tapis doit être vu à 3 mètres de hauteur, et si le dessin est au $\frac{1}{100}$ ou 100 fois plus petit que nature, on placera la petite planchette à $0^{m},03$ au dessous de l'oculaire.

Si le spectateur doit en être éloigné de 30 mètres, on reculera la planchette à $0^{m},3$ de l'oculaire; enfin on placera le tapis sous la ligne d'aspect, en faisant tourner la planchette sur son centre; et dessinant alors, on obtiendra la perspective du tapis. Si ce tapis devait être vu sur une muraille, la planchette prendrait l'inclinaison de la muraille et la distance respective à l'oculaire.

Soient maintenant les différentes assises de pierres d'une colonne qu'on désire mettre en perspective, on posera d'abord sur la planchette la courbe représentant la coupe de la colonne, la planchette posée à hauteur de l'œil, la courbe, à la distance et sous l'aspect choisi, donnera d'abord une ligne droite, puisque, dans cette position, quelle que soit la courbe, elle ne présente qu'une section faite par un plan qui passe par l'œil. Pour les courbes inférieures, on baissera la planchette par chaque assise, suivant la quantité proportionnelle voulue. Quant aux couches supérieures, comme on ne les apercevrait plus à travers la planchette, on la remplacera par une vitre, et on élevera la courbe pour chaque assise supérieure, comme on l'aura abaissée pour les assises inférieures. La perspective d'un escalier s'obtiendrait de la même manière, en ayant seulement le dessin d'une marche, et la transportant chaque fois suivant sa nouvelle position.

Voici une idée générale des moyens abrégés que peut fournir le Diagraphe pour mettre en perspective. C'est à l'architecte qui connaîtra bien tous les avantages qu'on peut retirer d'un semblable instrument de l'appliquer convenablement aux différens cas qui se présenteront.

Diagraphe panoramatrace.

Si mettre un paysage en perspective sur un plan et en obtenir par conséquent la vue est une opération difficile, obtenir cette même vue sur un cylindre offre incomparablement plus de difficultés; aussi se contente-t-on, pour tracer un panorama, de faire différentes vues sur des plans verticaux que l'on raccorde après ensemble aussi bien que possible, et on approche d'autant plus de l'exactitude, qu'on multiplie davantage le nombre de ces plans.

On a bien trouvé quelques moyens d'obtenir, par un mouvement continu, une vue sur un plan; mais jusqu'à présent on n'a jamais pu obtenir que des points quand il a fallu avoir des vues sur un cylindre: aussi n'a-t-on, en général, employé le panorama que comme objet de curiosité, étant par trop difficile d'en obtenir d'assez exacts pour y chercher des différences de hauteur et des distances horizontales. En Allemagne, on a senti plus qu'ailleurs de quel avantage pourrait être un panorama fait exactement. On en rencontre plusieurs qui sont d'une grande utilité aux voyageurs qui arrivent sur le point qui leur a servi de centre; mais comme il faut, pour avoir ces vues circulaires telles qu'un géomètre peut les désirer, en obtenir les points au moyen d'un instrument, on ne trouve de vraiment bonnes que celles qui donnent le simple trait des objets les plus remarquables, encore ne peut-on compter que sur un point à chaque contour : ce sera, par exemple, le sommet d'une montagne ou la flèche d'un clocher, le reste est dessiné à vue, et, pour ne pas induire en erreur ceux qui s'en servent, on indique plus fortement ces points en laissant le reste dans le vague; mais avec l'instrument dont il est ici question, on pourra, d'un mouvement continu et sans connaître le dessin, tracer avec la plus grande exactitude un panorama quelconque.

Soient APB (*fig.* 5) une portion de la base du cylindre et O le centre, par conséquent la projection horizontale du point de vue, si le Diagraphe ordinaire *m n* se promenait suivant la direction AB, pendant que la pièce qui doit être en *m* marcherait sur la courbe, et si le mouvement de l'un était égal à celui de l'autre; si, d'un autre côté, le crayon placé en C faisait, dans le sens perpendiculaire à AB, le même mouvement que le point de mire dans le sens vertical, on aurait bien évidemment, sur le plan ABO, le développement de la vue donnée par l'intersection des rayons sur la partie cylindrique APB. Maintenant, si au lieu de faire marcher le point de mire suivant la courbe APB, je faisais mouvoir le voyant perpendiculairement à A'B' de O vers O', en lui conservant toujours la même hauteur, et faisant tous les mouvemens de O vers O' égaux aux différentes perpendiculaires élevées du point

m jusqu'à la rencontre de la courbe APB, pour chaque mouvement du Diagraphe mn, j'aurais alors, en me servant de l'appareil indiqué plus haut, le développement de la vue comprise dans la partie cylindrique APB; après quoi, faisant tourner l'appareil pour mettre le point A à la place du point B, en conservant l'oculaire toujours dans la même position, je ferais ainsi toute la vue circulaire.

Soit, pour démontrer, mn (*fig.* 5) la position du Diagraphe pour un point P, l'oculaire sera alors en O', si OO' est égal à m P; faisant le rabattement suivant OP, le vrai rayon du cylindre, le point O viendra en O'' (*fig.* 6); OO'' étant la hauteur de l'oculaire, le point P viendra en P', si p est le point observé. En se servant du Diagraphe, ce ne serait plus le point P' qui représenterait le point P, mais le point m' ayant P m = OO' égale P m et OO' de l'autre figure.

Je me place ici dans le cas le plus défavorable, puisque je mets O O' et mn dans le prolongement du rayon, cas où O O' atteint sa plus grande longueur. Il faut prouver que PP' = mm'.

Or, si nous menons pd parallèle à PO, nous aurons :

$$p h' : h' P' :: p d' : d' O'';$$
$$p h : h m' :: p d : d O'''.$$

$h'h$ et dd', quantités égales, peuvent être considérés comme des infiniment petits ; car, dans leur plus grande longueur, ils excéderont à peine quelques pouces, et la distance $P\,d$ sera au moins égale à quelques centaines de pieds : on peut donc les négliger et regarder $p\,h'$ comme égal à $p\,h$, on a $d'o'' = d\,o'''$.

Ainsi, $h'P' : h\,m' :: p\,d' : p\,d$.

Pour la même raison, $p\,d$ peut être regardé comme égal à $p\,d'$: donc $h'P' : h\,m' :: 1 : 1$; donc $h'P' = h\,m'$, et $P\,P' = m\,m'$, ce qu'il fallait démontrer.

J'ai tracé ici une portion de cercle, mais on conçoit facilement que la démonstration sera la même pour une courbe quelconque, et comme le cylindre n'est qu'un cône dont le sommet est à l'infini, on pourra, en rendant le conducteur de la cage parallèle aux arêtes du cône, sur lequel on voudrait avoir une vue panoramique, obtenir cette même vue sur un cône quelconque, et en général sur une surface développable.

Manière de se servir de l'instrument.

Si on désire employer cet instrument non seulement comme machine à dessiner, mais encore comme mesureur d'angles, il sera bon de prendre toutes les précautions qu'on est obligé de prendre, en se servant d'instrumens de mathématiques destinés à cet usage. On établira d'abord la planchette horizontalement, puis sur cette planchette on tracera le plus près possible du bord la courbe sur laquelle on veut opérer dans presque tous les cas et toujours dans celui où on voudrait l'employer comme mesure d'angles : ce sera une portion de cercle.

Sur cette courbe, on piquera de distance en distance les petites fourches destinées à recevoir la bande d'acier flexible; après quoi posant la roue A du Diagraphe panoramatrace sur cette courbe, on rapprochera le chariot opposé jusqu'à ce que la distance entre le point de mire et l'oculaire soit égale au rayon du cercle. On réglera ensuite l'instrument comme nous l'avons expliqué, puis on dessinera tout ce que la courbe permettra d'apercevoir.

Cette partie faite, on tournera la planchette vers un autre point, et s'appuyant sur la partie du dessin commencée, on continuera le travail pour revenir au point de départ.

La bande de papier sur laquelle on veut dessiner doit avoir un peu moins que sept fois le rayon du cercle. Le dessin terminé, on peut diviser une ligne tracée dans le bas parallèlement à l'horizon en trois cent soixante ou quatre cents parties : toutes ces divisions seront autant de degrés ou grades, et les perpendiculaires abaissées de deux points quelconques du dessin indiqueront, par le nombre des divisions qui sépareront, l'angle d'ouverture pris du point de station aux deux mêmes points.

Si d'un autre endroit éloigné on faisait un second panorama, on pourrait, par ce moyen, déterminer par l'ouverture des angles, et si on fait cette opération par des points comme à chaque panorama, on pourra facilement calculer, par les règles de la trigonométrie, la distance de tous ces points entre eux et leur hauteur relative.

Moyen de dessiner avec le Diagraphe réflecteur.

Cet instrument, dont le but principal est de prendre la copie exacte des plafonds et de les mettre en perspective, s'emploie en posant sur une table horizontale la feuille de papier ou la toile qui doit recevoir le dessin. L'oculaire se fixe à la table et se place de manière à apercevoir toute l'étendue de la feuille de papier sur laquelle on pose le porte-crayon surmonté d'une petite glace. Faisant alors passer le point qui se trouve marqué au centre de la glace par tous les contours des objets qu'on veut copier, le crayon les tracera sur le papier; on doit seulement faire observer que le porte-crayon doit toujours glisser sans jamais se lever, et si on veut discontinuer un trait, on doit presser avec le doigt le petit bouton qui se trouve sur le côté. En dessinant ainsi, on aura toujours l'image renversée. Si on veut l'employer pour dessiner un portrait ou un paysage, on se sert de la glace inclinée, qu'on place vis à vis l'objet qu'on veut copier. En regardant par le trou placé au centre de la glace, on fait passer le petit point du porte-crayon par les contours des objets qui se réfléchissent sur la glace du crayon après s'être réfléchis sur la glace inclinée. Plus cette glace s'éloignera de la planchette qui supporte le papier, plus le dessin sera grand; l'inclinaison doit toujours être celle de la moitié de l'angle droit, et le dessin sera toujours direct.

EXTRAIT

DU

RAPPORT FAIT A LA SOCIÉTÉ D'ENCOURAGEMENT

POUR L'INDUSTRIE NATIONALE,

AU NOM DU COMITÉ DES ARTS MÉCANIQUES,

PAR M. FRANCOEUR.

L'instrument imaginé par M. Gavard pour dessiner la perspective est certainement la plus heureuse de toutes les inventions de ce genre. L'appareil de M. Boucher, qui a été décrit et figuré dans le *Bulletin* de la Société, du mois de juin 1821, page 164, produit des dessins très exacts; mais comme il ne donne que des points isolés de la perspective, et qu'il faut après coup joindre ces points par des traits continus, ce travail est un peu long, et c'est vraisemblablement ce qui a empêché le succès de cet instrument, très ingénieux d'ailleurs. Le public a continué de préférer l'usage de la chambre noire, qui conduit à des résultats plus faciles à obtenir. Mais outre que la chambre obscure est d'un transport assez embarrassant, on sait que, vers les contours, les traits ne sont pas purs et produisent

4.

des images douteuses. L'instrument de M. Gavard, qu'il appelle un Diagraphe, est facile à transporter ; on s'habitue promptement à s'en servir, et les résultats en sont très satisfaisans. On peut l'employer pour esquisser des tableaux, des gravures, des paysages, des portraits d'après nature, etc., etc., ainsi que l'auteur nous en a donné la preuve.

Cet instrument très ingénieux ne dispense sans doute pas de savoir la perspective, surtout lorsqu'il s'agit de représenter des monumens d'architecture qui n'ont d'existence qu'en projet ; mais il sera très utile même dans ce cas, pour aider le dessinateur, abréger ses opérations, et il restera encore assez d'occasions au génie d'invention pour se distinguer.

D'après cet exposé, nous avons l'honneur, Messieurs, de vous proposer d'accorder votre approbation au Diagraphe de M. Gavard, de décrire et figurer cet instrument dans votre *Bulletin*, et de remercier l'auteur de sa communication.

Approuvé en séance, le 14 juillet 1830.

Signé FRANCOEUR, *rapporteur.*

RAPPORT

PRÉSENTÉ

A LA SOCIÉTÉ LIBRE DES BEAUX-ARTS

PAR LA COMMISSION CHARGÉE D'EXAMINER L'INSTRUMENT

APPELÉ

DIAGRAPHE.

Messieurs, la Commission chargée de vous présenter un rapport sur le nouvel instrument appelé Diagraphe a commencé ses recherches par l'examen des écrits publiés sur ce même objet, et elle a porté son attention sur une Notice faite récemment par l'auteur (12 pages in-4°., 1831, imprimerie de Mme. Huzard), et sur un rapport de la Société d'Encouragement pour l'industrie nationale, suivi d'une description avec figures (juillet et novembre 1830); d'autres indications ont été communiquées par les journaux sur cet instrument délinéateur, dont l'inventeur s'est breveté en Allemagne, en Prusse, en Angleterre et en France. Votre Commission, ainsi préparée, a senti qu'il importait de considérer sous ses rapports artistiques, autant que sous ses rapports scientifiques et mécaniques, cet instrument, et qu'il convenait qu'elle en signalât les avantages méthodiquement, c'est à dire selon les degrés relatifs de leur importance.

L'étude comparative des autres instrumens inventés et employés pour produire des dessins n'a point occupé la Commission, et elle a gardé le silence sur l'utilité et l'emploi de la chambre claire, par exemple, ainsi que de la chambre obscure. Elle n'a point cherché à préciser ce que l'auteur du Diagraphe a pu emprunter, ce qu'il a ajouté ou inventé, proprement dit. A ces questions s'associe la question délicate du mérite respectif des inventeurs. De semblables décisions n'appartiennent qu'au public, dont les préférences, en fait de machines utiles, ne peuvent venir que de lui.

Avant tout, votre Commission croit devoir exposer les considérations générales qui l'ont constamment préoccupée pendant l'analyse devenue l'objet de son travail.

Considérations générales.

Toute l'assistance et l'utilité qui peuvent résulter de l'emploi des moyens les plus ingénieux, les plus accélérateurs dans les beaux-arts ne sauraient diminuer l'obligation où se trouve l'artiste de posséder intimement la science et les questions fondamentales de son art. Cette assistance, au contraire, lui révèle à chaque instant l'autorité et la nécessité des règles, puisque ces instrumens ne produisent, en effet, que des applications positives de ces mêmes règles incontestables. Ainsi, toute mécanique aidant à tracer la représentation linéaire des objets, et la traçant avec précision et similitude, ne dispense aucunement le dessinateur de l'étude positive de la perspective; et, il faut le dire tout de suite, ceux-là seuls qui savent la perspective peuvent tirer profit des produits résultans des procédés mécaniques, produits qui restent stériles, pour ainsi dire, entre les mains des personnes étrangères à ce savoir. L'approbation et les éloges que nous allons donner au Diagraphe ne doivent donc point faire appréhender que les approbateurs aient pris le change, et qu'ils aient un instant pensé qu'un peintre pût rendre éloquens, à l'aide d'une machine, les traits de son pinceau; mais ils ont reconnu que cet instrument, ainsi que tous ceux qu'on a imaginés pour le dessin ou la peinture, sont des régulateurs et des auxiliaires pour obtenir cette exactitude graphique qui, le plus souvent, est indispensable. En effet, tous les moyens mécaniques prompts et assurés sont très capables de diminuer les fatigues de l'organe et de l'intelligence tout occupés à saisir, en présence des objets, des comparaisons, des mesures, des distances, des rapports; rapports et mesures que les erreurs de ce même organe empêchent presque toujours d'établir avec la précision et la rigueur exigées par l'art. A l'aide de semblables instrumens, l'artiste obtient donc un calque individuel, qu'il sait, en le soumettant aux raisons toutes métaphysiques de l'art, convertir en image vive, belle et très éloquente. Muni de ce calque, qu'il peut et doit maintenir continuellement sous ses yeux, il ne pourra pas s'écarter du vrai dans les améliorations qu'il lui faudra entreprendre, et il s'attachera à conserver le beau, qui se trouve fidèlement reproduit. Enfin, si l'accent de l'artiste doit toujours vivifier les résultats mécaniques de la science, cette vie, cette expression ne doivent surgir, en effet, que de cette stricte vérité, dont il est fort permis de répéter mécaniquement l'apparence. Ainsi, respectant la véritable et philosophique définition de la peinture, nous reconnaissons ici qu'elle comprend autre chose que la science, autre chose que la perspective ; elle comprend la condition libérale du beau. Oui, c'est l'art libéral et non la science, c'est le sentiment du beau et non l'emploi des instrumens optiques, qui produisent cette hardiesse de langage, cette vraisemblance, et toute cette exagération qui devient force vraie aux yeux du spectateur étonné; c'est à l'art libéral qu'appartient cet accent supérieur et si animé, lorsqu'on le compare au langage froid et positif des graphies toutes mécaniques.

On ne doit donc attendre d'un instrument délinéateur que les effets circonscrits dans son domaine. Ces points qu'il arrête et qu'il répète, ces circonscriptions qu'il trace, ces *fac-simile* qu'il reproduit, resteront toujours inanimés et muets malgré leur précieuse justesse, si l'artiste ne leur souffle lui-même la vie, et s'il ne leur communique ce feu appelé si justement créateur, sans lequel il n'y aurait plus d'art, il n'y aurait que la science, sans lequel il n'y aurait que des points et des lignes mathématiques, il n'y aurait pas de sentiment.

Ces considérations doivent rassurer aussi les personnes qui, redoutant pour l'art l'emploi des moyens tout industriels, craignent qu'en propageant ces secours on ne favorise aussi la paresse. Mais de tels secours ne flattent la paresse que des ignorans; ils excitent au contraire le zèle et le génie des vrais artistes, qui savent en comprendre le prix. Au reste, les anciens maîtres les plus illustrés par la vie de leurs figures ont employé ces mêmes moyens, ces mêmes auxiliaires de la vue, et ils ont tous avoué ces mêmes moyens. Les écrivains les ont donc signalés non comme des procédés étranges, mais comme des secours tout naturels et dont l'usage était consacré.

Mais ici, tout en voulant spécifier l'utilité et la valeur de l'instrument qui nous occupe sous le rapport du bel art de la peinture, nous devons reconnaître, sans restriction, tous les avantages que doivent en retirer les sciences qui emploient le dessin pour moyen.

C'est ainsi que pour l'art militaire, par exemple, pour tous les tracés topographiques, pour les réductions géographiques ou autres, etc., cet instrument est d'une utilité incontestable. Mais si les graveurs, les paysagistes, les architectes sont intéressés dans l'examen de cet instrument, si certaines industries doivent apercevoir dans cette invention ou dans ce moyen abréviateur un grand profit, les peintres et même les sculpteurs y comprendront toujours une question bien plus grande, celle de la représentation vraie de la figure humaine, dont l'étude, depuis le temps de Raphaël, a été trop rarement soumise, il faut le dire, au contrôle de la science perspective; sous ce rapport donc de la représentation de la figure humaine, l'invention mécanique du Diagraphe nous a semblé devoir être d'une très grande importance.

Définition du Diagraphe.

La comparaison d'un tableau à une vitre doit être et a été admise par tout le monde : aussi emploie-t-on tous les jours le moyen même d'une vitre réelle, pour tracer sur cette vitre les objets que sa transparence laisse librement apercevoir, l'œil parcourant les contours à travers un oculaire immobile.

Le mécanisme du Diagraphe ne diffère nullement, dans son principe, du mécanisme de la vitre; seulement, dans ce dernier, c'est la main qui trace sur la vitre elle-même les contours des objets aperçus derrière cette vitre, et dans le Diagraphe c'est un châssis de vitre chargé d'un point ou petite marque fixée dans ce châssis qui parcourt les circonscriptions de l'objet. Cette marque ou ce point suspendu dans ce châssis, qui pour cet usage peut être fort petit, parcourant donc, dans l'espace, les circonscriptions ou contours sur lesquels l'œil et la main le dirigent, ces mêmes mouvemens ou déplacemens du point sont répétés, à l'aide d'un fil, par un crayon traçant sur un plan horizontal ou papier. Ainsi, c'est l'œil qui dirige le passage du point ou de la marque sur les contours de l'objet, mais c'est la main qui les lui fait parcourir, celle-ci imprimant, par la même manœuvre, au point la marche qu'il exécute, et au crayon les mouvemens correspondans, puisqu'il existe entre le pas du crayon et ceux du point une corrélation parfaite : le Diagraphe donne donc non seulement les points principaux qui importent au dessinateur, mais il opère, si l'on veut, un tracé complet et une monographie aussi détaillée qu'on le désire. L'auteur a su rendre cette machine aisée et cédant facilement à l'œil et à la main dans tous ses mouvemens : le crayon peut être soulevé ou pressé sur le papier, à volonté ; son appareil est fort simple et peu susceptible de dérangement, les pièces étant en petit nombre et l'instrument ne manœuvrant jamais qu'en lignes droites et dans des directions à angle droit. Les courbes sont figurées dans leur ensemble par une suite de petites lignes droites tangentes, mais dont les points d'inflexion sont insensibles ; enfin, ce Diagraphe a cela de nouveau et de fort utile, qu'il se modifie selon les besoins du dessinateur instruit qui le consulte et le met en fonction.

On trouvera la description mécaniquement détaillée de cet instrument annexée à ce rapport. Ici, nous dirons, à ce sujet, que quelque bien faite que soit cette description mécanique, accompagnée même de dessins, elle ne sera très profitable qu'au lecteur préparé par la connaissance de la science perspective et des questions de géométrie qui ont rapport à cette science : néanmoins, toute personne étrangère à ces études pourra, sans comprendre les fondemens scientifiques et optiques de cette machine, en obtenir, s'il y a recours, un grand profit.

Avantages qu'on peut retirer du Diagraphe.

Nous devons distinguer ici les avantages particuliers que l'art peut obtenir du Diagraphe et les avantages qu'il offre en commun avec les autres instrumens analogues. Ces considérations nous ont déterminé à adopter dans notre examen l'ordre prescrit par l'importance relative de ces avantages : nous allons donc nous conformer à cet ordre dans nos indications.

A l'aide du Diagraphe on obtient, avec une précision mathématique et beaucoup de promptitude, le dessin des poses d'après nature ; on en obtient le trait, soit par croquis, soit avec tous les détails, et l'image est en même temps réduite à la dimension précise que requiert le peintre selon son besoin, quelque petite ou quelque grande que doive être cette dimension. Si le modèle est vu de trop près, faute d'espace, on peut y suppléer en faisant intervenir le secours d'un miroir. Le Diagraphe offre aussi l'avantage bien précieux, et qu'aucun instrument n'a encore procuré avec la même facilité, de tracer selon le géométral des objets ; en sorte qu'il donne le moyen infiniment utile de répéter les mains, les têtes, les pieds, etc., dans quelque position et sous quelque aspect raccourcissant que ce soit. Ce moyen est par conséquent très favorable à l'étude des proportions, puisqu'il fait obtenir toutes les mesures géométrales sans erreur de l'œil ou de la main. A tous ces avantages on peut ajouter celui des changemens proportionnels qu'il peut exécuter selon quelques dispositions particulières de la machine, changemens qui procurent soit des embellissemens calculés, soit des différences variées quant aux allongemens, aux étrécissemens, aux élargissemens auxquels on veut soumettre tout objet naturel ou tout objet d'art, ce qui multiplie à l'infini les caractères des formes. Le même moyen sauve aussi l'obliquité de position des tableaux qu'on voudrait dessiner ; quant à la place ou au dessin des ombres et ombrages, on peut non seulement l'obtenir par le moyen de cet instrument, mais il peut, sans calculs embarrassans et sans que l'œil soit en présence des effets réels, donner le tracé de toutes les ombres portées par les corps sur d'autres corps. En courbant la rainure que parcourt l'instrument, le tracé deviendra courbe ; ce qui abrège beaucoup le travail du peintre, obligé parfois de fixer ses représentations ou son tracé sur des surfaces courbes elles-mêmes. Il ne s'agit donc, dans ce cas, que de conformer à l'irrégularité de la surface l'irrégularité de cette rainure; et comme les combinaisons optiques et graphiques qui peuvent résulter de ce Diagraphe sont infinies, l'auteur a imaginé de l'employer pour tracer fort promptement l'élévation soit d'une suite d'ornemens plans, dont la position, produisant des raccourcis, nécessiterait de longues opérations linéaires, soit des surfaces, dont l'instrument répète l'aspect d'obliquité et même d'enfoncement perspectif dans le site.

Nous ajouterons que, bien que cela doive se supposer, cet instrument procure des copies absolument exactes des dessins, gravures, etc., et qu'on en augmente en même temps ou qu'on en diminue dans la copie la dimension. Enfin, l'obligation où l'on est parfois de répéter en dessin des plafonds décorés et des intérieurs de dômes a fait inventer à l'auteur un instrument-miroir chargé d'un point ou d'une marque, comme cela a lieu dans le châssis du Diagraphe : en faisant donc parcourir ce point le long des contours aperçus sur le miroir, le crayon les répète immédiatement sur le papier.

Nous allons examiner successivement ces différentes conditions, en nous attachant plus particulièrement à celles qui peuvent apporter un véritable secours dans la pratique de la peinture.

Esquisses des poses d'après nature.

Pouvoir saisir rapidement et fixer aussitôt par un dessin les poses fugitives des modèles est un avantage réclamé par tous les peintres, soit qu'il s'agisse d'un portrait, soit qu'il s'agisse de mouvemens hardis et composés offerts par des figures en action. Ainsi, pour répéter les naïvetés calmes des individus, ou pour s'emparer des violentes actions du corps, il faut, dans tous les cas, que l'artiste possède un procédé graphique, rapide, exact et animé comme le modèle lui-même : or, quel service ne rend pas une machine qui trace à volonté les grandes lignes extrêmes, les principaux points de l'ensemble et toutes les circonscriptions et diminutions, résultats des raccourcis ? La vue de ces diminutions produit chez le dessinateur un combat continuel entre sa sensation et son intelligence, et c'est ce combat qui le rend si souvent incertain, si souvent erroné dans ses traits, son dessin ou son imitation. Le Diagraphe dessine en quelques minutes une pose, en quelques minutes il répète le mouvement de la tête, des pieds, des mains et des vêtemens; et le peintre qui veut choisir peut se fier à ces croquis, car ils sont conformes. Ainsi aidé, il doit être certain qu'une équivoque, qu'une invraisemblance, qu'un manque ou un excès d'ampleur qu'il désapprouve sont le résultat du choix d'aspect du modèle et non le résultat d'une erreur que l'œil aurait commise. L'artiste peut donc choisir ou rejeter sans hésiter, au sujet de la justesse graphique, puisque celle-ci a toujours lieu; il peut essayer différens points de distance, différens points d'aspect: des statues, des figurines, des marquettes exposées sous quelque point de vue que ce soit, il en obtient sur le papier la donnée, l'ensemble, le mouvement en un instant.

Bien grand, sans contredit, est un tel avantage, et nous serions tenté de dire que c'est le plus important qui résulte de cet instrument. Un autre avantage semble cependant tout aussi considérable, c'est la facilité d'obtenir le dessin géométral : nous allons en parler. Ajoutons que ce Diagraphe, qui trace rapidement des poses, les trace avec un détaillé extrême, s'il le faut et si l'immobilité de l'individu le permet. Autant la vue de celui qui l'emploie est pénétrante et sa main adroite et légère, autant finie et détaillée est la délinéation.

Nous avons signalé la possibilité de procéder selon une distance plus grande que celle que prescrit le local trop rétréci où l'on dessine. Cet effet perspectif, selon une plus grande distance, s'obtient facilement en regardant l'objet dans une glace dont on s'éloigne plus ou moins, et d'après laquelle on dessine, à l'aide du Diagraphe, l'objet vu ainsi par réflexion; et comme le dessinateur se place naturellement un peu de côté pour ne pas masquer lui-même par son interposition l'objet, il faut, pour retrouver le même aspect, par exemple, d'une pose qu'on veut conserver, tout en la voyant de plus loin, et par conséquent un peu de côté, retourner le modèle en raison de cette nouvelle position de côté par rapport au regardant. Il va sans dire que l'image sera tracée en sens inverse de l'aspect non réfléchi. Quant aux grandes surfaces ou représentations de vues, comme on n'aurait pas de glace aussi vaste que le tableau voulu, il faudrait soit déplacer successivement la glace, soit déplacer successivement l'instrument. Il serait possible de trouver quelque combinaison mécanique qui aidât suffisamment le dessinateur dans ce cas.

Il reste à parler du moyen d'agrandir ou de rapetisser l'image ou le dessin. Si donc on ne veut pas éloigner ou rapprocher l'objet, ce qui en diminuerait directement ou en augmenterait l'apparence ou l'image, mais ce qui en changerait la disposition dans certaines lignes et altérerait, pour ainsi dire, la pose, il faut obtenir cette dimension demandée en modifiant l'appareil du Diagraphe. Ainsi, en approchant les deux montans qui portent, l'un, le châssis mobile ou point de mire, l'autre l'oculaire, on obtiendra une dimension de l'image d'autant plus petite que le rapprochement aura été plus grand. Quant à l'agrandissement, il s'obtient par le contraire; mais comme cet éloignement de l'oculaire et du point a un terme, et comme la main doit pouvoir toujours atteindre le crayon, il faut avoir recours pour de forts agrandissemens à une autre combinaison. On disposera donc à l'inverse l'instrument. Le point mobile prend la place de l'œil, et l'œil devient lui-même mobile, et il prend la place du point. (Cette disposition se trouve expliquée aux pages 9 et 10 de la description mécanique de l'instrument.)

Dessin en géométral.

Chacun sait que dessiner géométralement un objet, c'est le dessiner en transportant l'œil vis à vis de chaque point de cet objet, et conformément à un système de projection de rayons parallèles et non convergens en un seul point de vue. Le résultat de cette espèce de vision est donc conforme, en la plupart des cas, à l'idée que le peintre se propose de donner des objets. En effet, les figures, les édifices, tous les objets éloignés ou enfoncés dans le tableau doivent être représentés presque géométralement, puisqu'à cette grande distance de l'œil aux objets les rayons visuels qu'ils nous renvoient sont presque parallèles et non convergens. D'ailleurs, le dessin géométral permet de vérifier au compas les mesures, les espaces, hauteurs, diamètres, enfin tous les points aperçus des objets : vérification qui devient compliquée lorsqu'elle est essayée et confondue dans un dessin perspectif. Le peintre, à l'aide du géométral, retire donc autant d'avantages que le sculpteur de l'emploi du compas; et l'on sait que les représentations en graphies géométrales ont été communes aux peintres et aux sculpteurs dans les beaux temps de l'art. Or, le Diagraphe accélère, facilite et précise ce tracé géométral. Le point de mire et l'œil étant transportés vis à vis de chaque point de la circonscription qu'on veut tracer, et cette direction étant nécessairement maintenue exacte, il résulte que le dessin des contours vers les points obliques et fuyans d'objets en relief est exact luimême. Le dessinateur a donc vaincu la plus grande difficulté, celle d'employer avec justesse le compas sur les objets. En effet, la position orthographique de notre instrument délinéateur reste fixe, inaltérable, et l'artiste n'a point à s'occuper ou à s'efforcer de maintenir cette position.

En fait de représentations, la distance trop courte produit, personne ne l'ignore, des altérations ou des déformations visuelles absolument étrangères au but de l'art, qui est de donner l'idée juste des objets, et par conséquent de leurs proportions et formes; mais la distance trop longue ou, autrement dit, la distance infinie qui procure le géométral ou la projection par rayons parallèles ne produit d'autre inconvénient que de tracer avec un peu trop de largeur les objets ou points des objets plus ou moins enfoncés ou éloignés dans le tableau. Le Diagraphe est donc d'un secours immense par ces tracés géométraux qu'il obtient si promptement. Des têtes, par son moyen, des mains, des torses et des figures entières vivantes sont tracées juste en très peu d'instans. Il improvise le dessin géométral des solides immobiles, dessin dont la correction est si désirée par les naturalistes, les anatomistes, les mécaniciens, etc., qui, faute d'un semblable instrument, sont si souvent obligés de tracer ces objets en perspective, ce qui les défigure plus ou moins et déforme les proportions, ou de les tracer à vue, moyen tellement douteux qu'on y a rarement confiance. Ainsi non seulement des têtes et des figures antiques peuvent être exactement mesurées d'après le tracé de cet instrument, mais on peut aussi consulter et étudier les mesures dans le calque fidèle qu'il donnera, par exemple, d'un camée, d'un bas-relief, d'un ornement, d'un chapiteau, etc., dont on veut conserver en dessin la copie. L'architecte qui, pour représenter le géométral d'un chapiteau, par exemple, a besoin de beaucoup de temps et de précautions, en obtiendrait donc le dessin fidèle en quelques instans.

Une vérité trop peu connue aujourd'hui des peintres qui, dans leurs études, désassocient rarement le perspectif du géométral, et qui compliquent ainsi l'idée de la représentation graphique, c'est que le géométral est tout, le perspectif n'étant qu'une modification visuelle qui a lieu seulement sur quelques points, en sorte que cette modification ne devrait les occuper qu'après coup.

L'étude du géométral est donc vraiment l'étude fondamentale des objets vus sans déformation, et mesurables par conséquent au compas selon leurs raccourcis géométraux. C'est toujours de cette étude du géométral que traitent les écrivains anciens qui ont analysé les mesures et proportions des corps, quels que soient leur position et aspect. Ces mêmes écrivains ne traitent la question perspective ou, pour mieux dire, scénographique, qu'accidentellement, puisqu'il va sans dire que pour un tableau il faut ajouter cette déformation produite d'un seul point de vue : or, la justesse du Diagraphe, dans ce tracé du géométral, est un auxiliaire de la plus évidente utilité. Nous ne devons pas donner à ces indications plus d'extension que n'en comporte un rapport. Cette question si importante du géométral se trouve amplement étudiée dans le *Traité complet de la Peinture* (1), où les préceptes trop concis de Jean Cousin et d'Albert Durer, qu'on a rarement compris, viennent d'être méthodiquement développés. Il convient cependant ici d'ajouter, au sujet de l'infaillibilité de l'instrument qui nous occupe et au sujet des preuves mathématiques qui sont à employer pour vérifier la justesse de ses résultats, qu'on peut les confronter avec les résultats mêmes que la science graphique ou la géométrie fait obtenir à l'aide du profil, de la face et du plan dessinés de l'objet. L'élévation géométrale, conséquence de ces graphies préparatoires, doit donc être toute conforme au tracé géométral du Diagraphe : quant à son tracé perspectif, il peut être vérifié aussi par les mêmes preuves, en y ajoutant les modifications résultant de l'emploi d'une échelle perspective construite selon la distance et la hau-

---

(1) Chez Bossange père, rue Richelieu, n°. 60.

teur de l'œil qui a dirigé l'instrument sur l'objet. (Voyez, quant à cette échelle, le même *Traité* cité.) Ainsi, et l'instrument et les opérations de la science graphique peuvent se servir réciproquement de contrôle.

Il nous faut considérer maintenant quelle serait l'impuissance de cet instrument s'il s'agissait de tracer la représentation géométrale d'objets plus grands que lui. L'inventeur ne trouve aucune difficulté à faire, en plusieurs fois et comme par coupes superposées, le tracé d'une statue, par exemple, grande comme le naturel; il ne s'agit que d'exhausser la machine et de bien conserver le parallélisme de la table et du papier qu'il faut replacer. L'expérience apprendra à ce sujet ce que nous n'avons pas eu le loisir de vérifier.

Ici se présente une question assez nouvelle et intéressante relativement au tracé géométral des édifices et de tous les objets de grande dimension. Si l'on admet donc qu'on puisse convertir en géométral un dessin perspectif, en employant le moyen de l'échelle perspective dont nous venons de parler, et en prenant connaissance sur le plan de l'enfoncement ou éloignement des points perspectifs qu'on veut faire devenir géométraux, il ne s'agit plus que d'avoir, avant tout, une perspective exacte de l'édifice ou objet. Or, ce tracé perspectif absolument exact, le Diagraphe le donne : donc on peut de ce juste perspectif conclure avec tout autant de justesse le tracé géométral; ce moyen est très praticable pour le dessin des statues. C'est aussi cette même justesse instrumentale qui permettra à un ingénieur de connaître le plan et la construction d'un édifice dont il peut seulement prendre deux vues sous des points éloignés.

Aux avantages précédens qu'on peut obtenir du Diagraphe, il convient d'ajouter, mais en troisième ligne, la faculté qu'il possède de produire des changemens proportionnels quelconques ou des embellissemens que l'artiste peut désirer, mais que l'œil seul, sans le secours des moyens de la géométrie, ne rendrait pas toujours d'une manière naturelle et conformément à cette condition de proportionnel dans les allongemens, accourcissemens, étrécissemens, etc., voulus pour l'art. Ainsi en disposant, selon une certaine obliquité, les montans de l'instrument, la projection ou le dessin se déformera sur le papier, et un vase, par exemple, mince et allongé, deviendra, dans la copie graphique, grossi et accourci toujours proportionnellement. Enfin, ce que le dessinateur ne peut obtenir que par l'opération des triangles correcteurs, l'instrument le lui offre aussitôt. Nous venons de démontrer les trois points principaux d'utilité que l'art des peintres peut retirer de l'emploi du Diagraphe ; nous allons parler de quelques autres.

Tracé des ombrages.

Il va sans dire que le Diagraphe dessine, si l'on veut, la place des ombres et des ombrages ; mais on peut aussi, par son moyen, déterminer et tracer des ombrages sans que l'effet optique sur l'objet soit lui-même exposé à la vue du dessinateur. Pour les effets de flambeau, on emploie le Diagraphe perspectif, et pour les effets de soleil, de lune, ou, autrement dit, pour les projections par rayons parallèles, on fait usage de l'appareil propre au dessin géométral ; les procédés sont expliqués dans l'analyse mécanique de l'instrument (§ II).

Tracé sur des superficies courbes ou irrégulières.

Les opérations relatives au tracé sur des voûtes, sur des panomaras, sur des murs irréguliers sont longues et fastidieuses. Le Diagraphe pourra offrir de grands secours au peintre dans ce cas. Au lieu de faire courir les montans de l'instrument dans une rainure droite, on en emploie une qu'on a courbée semblablement à la courbure du mur ou de la surface qui doit recevoir la peinture (voyez les §§ LXXVIII et IX de la *Description mécanique du Diagraphe*) ; et s'il est vrai que le peintre doive, par des raisons d'art, interroger souvent son sentiment et sortir des points ou lignes rigoureuses, afin d'aider à l'expression de l'image, afin de s'accommoder à la diversité des points de vue parcourus par le spectateur; s'il doit même agrandir outre mesure, rendre irrégulières des courbures, sortir enfin de la règle scientifique pour être imitateur selon l'art, le secours de cet instrument n'en sera pas moins fort précieux, fort abréviateur et propre même à tenter les corrections ou les effets que doit adopter le génie de l'artiste toujours inventeur, même lorsqu'il copie, et toujours vrai, quoiqu'il outre-passe certains points, certaines directions, circonscriptions que la science seule prescrit rigoureusement.

Tracé d'ornemens plans situés obliquement et dont on peut composer la disposition sans en avoir sous la vue le tout ensemble.

On sait qu'il n'est pas facile de représenter le dessin d'un tableau aperçu de côté et raccourci à la vue : or, la déformation proportionnelle, dans ce cas, est obtenue très exactement et très fidèlement à l'aide du Diagraphe. Si donc on avait à représenter des ornemens plans tels qu'un tapis à fleurs, par exemple, ou tout autre ornement placé sur les marches d'un escalier tournant, et sans qu'on ait sous les yeux cet escalier (tout autre exemple pourrait être adopté), on peut, à l'aide du Diagraphe, représenter ces ornemens ainsi disposés, en en exécutant auparavant le trait sur un papier en plan et en élévation, et en plaçant le dessin ou trait géométral sur une planchette faite et ajustée tout exprès, c'est à dire pouvant se mouvoir dans tous les sens, s'enfoncer à volonté, etc.; le tout selon les mesures de construction cotées à cet effet. Ainsi, cette planchette, ou le dessin géométral qui y est appliqué, se présentant à la vue dans la position et selon la situation qu'auraient offertes, dans ce cas, les marches mêmes de l'escalier, il ne s'agit que de construire ces positions pour chaque marche successivement, et de les dessiner à l'aide de l'instrument. Cette indication doit suffire pour mettre le lecteur sur la voie de la question ou application que nous avons cru devoir, entre autres, signaler ici.

Quant au miroir graphique, ou Diagraphe réflecteur, on ne peut s'empêcher de le considérer comme une invention fort ingénieuse et fort simple en même temps. C'est un petit cylindre du diamètre d'une lunette de spectacle; sur la glace est fixé un petit point assez apparent, et dessous est placé un crayon à ressort servant à tracer, en sorte que, s'il s'agit, par exemple, de dessiner la peinture intérieure d'un dôme, l'instrument étant posé horizontalement sur une table, on le promène de manière à diriger le point tout le long des circonscriptions que l'on veut répéter. Le crayon qui est dessous trace sur un papier les mêmes circonscriptions ou délinéations réfléchies à l'œil dans le miroir et aperçues à travers un oculaire fixe. On pourrait appliquer cet instrument à d'autres cas, et tirer un bon parti de cette combinaison ingénieuse et toute naturelle.

Conclusion.

Nous croyons devoir conclure de l'examen précédent que le Diagraphe rendra un service réel aux arts qui emploient le dessin pour moyen, et que l'art de la peinture, en particulier, pourra retirer un grand avantage de cet instrument, vu la facilité qu'il procure au peintre bien instruit dans l'art du dessin, pour saisir et répéter l'apparence linéaire des formes, quels que soient leur aspect, leur position ou mouvement, et pour connaître et raisonner les proportions géométrales de tous les objets en général qu'on voudrait soumettre à son action. Nous pensons de plus que l'usage de cette nouvelle machine optique, qui peut devenir féconde en résultats entre des mains habiles, est très propre à faire comprendre sans confusion, à l'aide des comparaisons géométrales et perspectives simultanées, les véritables questions fondamentales de la science graphique ou du dessin, science dont l'étude a un caractère positif, et ne devrait jamais être confiée et abandonnée, ainsi qu'on le fait si souvent, au seul exercice et à la seule faculté du sentiment.

Nota. La Société libre des beaux-arts, ayant appris, par un de ses membres (M. Rouillard, séance du 5 avril 1831), qu'un instrument graphique nouvellement inventé semblait promettre des résultats plus complets et plus prompts que ceux qu'on avait obtenus par les machines exécutées jusqu'alors, témoigna unanimement le désir de connaître et d'étudier cet instrument, et elle répondit avec empressement à l'intention de l'inventeur, qui offrait de donner lui-même à la Société des explications sur ce nouveau procédé mécanique de dessin. Quelques traits obtenus d'après nature, en présence de l'assemblée, excitèrent une vive curiosité, et la Société, fidèle au but honorable et utile qu'elle s'est proposé, décida, dans cette même séance, qu'une commission serait nommée pour faire un rapport sur ce sujet spécial, digne de toute son attention. Après avoir témoigné ses félicitations à l'inventeur (M. Gavard, capitaine d'état-major, élève de l'École polytechnique), la Société libre des beaux-arts désigna, pour cette commission, MM. Daguerre, Hittorff, Laitié, Miel, de Montabert, Dabos, Rouillard et Steuben; la commission nomma M. de Montabert rapporteur.

TABLE DES MATIÈRES.

www.ingramcontent.com/pod-product-compliance
Ingram Content Group UK Ltd.
Pitfield, Milton Keynes, MK11 3LW, UK
UKHW021601260726
13993UKWH00002B/988

9 782329 402185